Garfield

ALBUM GARFIELD #19

PRESSES AVENTURE

Publié par **Presses Aventure,** une division de
Les Publications Modus Vivendi inc.
55, rue Jean-Talon Ouest, 2ᵉ étage
Montréal (Québec)
Canada
H2R 2W8

Infographie : Modus Vivendi
Version française : Jean-Robert Saucyer

Dépôt légal – Bibliothèque et Archives nationales du Québec, 2006
Dépôt légal – Bibliothèque et Archives Canada, 2006

ISBN : 2-89543-391-7

Nous reconnaissons le soutien financier du gouvernement du Canada
par l'entremise du Programme d'aide au développement de l'industrie
de l'édition (PADIÉ) pour nos activités d'édition.

Gouvernement du Québec – Programme de crédit d'impôt pour l'édition
de livres – Gestion SODEC

GARFIELD, TU M'AIDES À RÉDIGER UNE LETTRE AU PÈRE NOËL ?

CAUSE TOUJOURS

COMME SI LE PÈRE NOËL LISAIT TOUTES LES LETTRES

BING

UN GRELOT DE TRAÎNEAU !

...ET UN POT D'HERBE AUX CHATS, ET UNE NOUVELLE GAMELLE, ET UN POTEAU À GRIFFER, ET ...

GARFIELD

CLIC CLIC
CLIC

EUF

LE TEMPS EST LONG QUAND
ON ATTEND LA PIZZA !

DE NOUVELLES GÂTERIES À SAVEUR DE LASAGNE

NAVRÉ VIEUX, PLUS DE GÂTERIES POUR CHATS

J'IRAI PEUT-ÊTRE EN ACHETER QUAND J'AURAI LE TEMPS

DES BONS DE RÉDUCTION ?

MIAM MIAM

UN NOUVEAU POISSON !

MINUTE ! JE NE SUIS PAS QU'UN POISSON : JE SUIS UN POISSON MAGIQUE

TIENS DONC !

VRAIMENT ! JE PUIS T'ACCORDER TON VŒU LE PLUS CHER

D'ACCORD ! JE DÉSIRE DE LA SAUCE TARTARE

ZUT ! C'EST LOUPÉ !

7

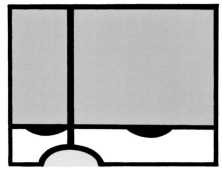

GARFIELD®

HUM PFFT !

REGARDE-TOI, GROS PARESSEUX !

DEBOUT ! BOUGE DE LÀ ! SECOUE-TOI !

VA JOUER DEHORS ! PRENDS UNE BOUFFÉE D'AIR !

VA À LA BIBLIO-THÈQUE, OUVRE UN LIVRE !

ENCORE AVACHI SUR TON FAUTEUIL, HEIN ?

OUAIS

JIM DAVIS 5-25

BIIIEN ! JE T'AI BIEN FORMÉ !

C'EST LA DERNIÈRE FOIS QUE JE T'EMMÈNE DANS UN LAVE-AUTO

PEUX-TU METTRE ÇA PAR ÉCRIT ?

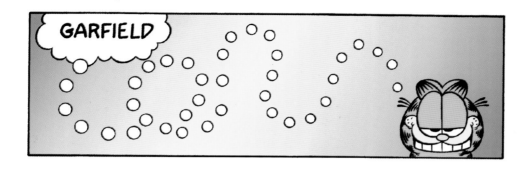

LE CAFÉ A GOBÉ MON BEIGNET

LE CAFÉ EST-IL CORSÉ À TON GOÛT ?

OUI, MAIS LE BEIGNET EST TROP FAIBLE

BURP

SNAP SNAP

AUTRE CHOSE, MAÎTRE ?

PAS POUR L'INSTANT. MAIS SOIS PRÊT À RECEVOIR LES MIETTES

ON ME DIT QUE QUELQU'UN AURA BIENTÔT 19 ANS

TU TE L'ES ENCORE OUVERTE ?

JUIN

PAPA, LES CHAPONS SE NOIENT !

UN CAUCHEMAR FERMIER RÉCURRENT

SAIS-TU CE QUI EST DRÔLE ?

MOI NON PLUS

UN RARE MOMENT DE CANDEUR

PUIS-JE PARLER AU MAÎTRE DE LA MAISON ?

QU'ENTENDEZ-VOUS PAR MAÎTRE ?

SALUT MA JOLIE NANA, CHA-NA-NA !

Dites donc ? Êtes-vous odieux ou simplement idiot ?

JE VOUS RÉSERVE LE PLAISIR DE LE DÉCOUVRIR

LÀ, NOUS SOMMES IDIOTS

AINSI, SARAH, MA PERSONNALITÉ T'INDIFFÈRE

EH BIEN, C'EST TOI LE DINDON DE LA FARCE !

JE N'AI PAS DE PERSONNALITÉ !

UN BON POINT POUR LUI

CROYEZ-VOUS AU COUP DE FOUDRE ?

J'AI UNE BRIQUE DANS MON SAC

DOIT S'AGIR D'UN CODE

J'ENSEIGNE À ODIE COMMENT DEVENIR UN CHIEN DE GARDE

QUE FERAS-TU SI UN CAMBRIOLEUR PÉNÈTRE DANS LA MAISON ?

BON RÉFLEXE ! TU M'OFFRES UN SANDWICH AU JAMBON !

J'AI MON BALLON DE PLAGE, MES PALMES, MA PLANCHE À VOILE

AÏE !

JE VAIS CHERCHER TON MAILLOT

CETTE LOTION EST CENSÉE PRÉVENIR LES COUPS DE SOLEIL

TU EN VEUX, GARFIELD ?

NON, PAS BESOIN

MAIS DEUX TROUS VIS-À-VIS LES YEUX SERAIENT APPRÉCIÉS

QUELLE BELLE JOURNÉE!

JE DÉTESTE ALLER À LA PLAGE AVEC JON

CHAUD ! CHAUD ! CHAUD ! CHAUD ! CHAUD !

REQUINS !

CONTRE-COURANT !

RAZ-DE-MARÉE !

IL FAUT TOUJOURS QU'IL SOIT LE CENTRE DE L'ATTENTION

TORNADE!

JIM DAVIS 7-13

31

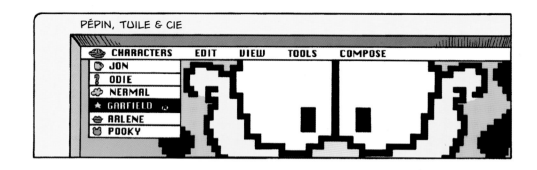

ICI JON ARBUCKLE. LAISSEZ VOTRE NOM ET VOTRE MESSAGE AU SON DU TIMBRE. BIIIIIIIIIIP

ALLÔ JON, C'EST TAMI. LA MENEUSE DE CLAQUE PROFESSIONNELLE QUE TU AS RENCONTRÉE À LA PIZZERIA

JE PENSE SANS CESSE À TOI ! TÉLÉPHONE-MOI. MON NUMÉRO EST...

J'ARRIVE PAS À CROIRE QU'IL A BOUFFÉ DE LA PIZZA SANS MOI !

SNIF SNIF

NON MAIS, ÇA SENT LE THON ?

ON FAIT DU PARFUM POUR CHAT, À PRÉSENT

DEUX BEIGNETS VISIBLES POUR MOI

ET DEUX BEIGNETS INVISIBLES POUR TOI

DONNE-M'EN UN !

NE SOIS PAS SI GOURMAND !

DÉSORMAIS, JE CHOISIRAI NOTRE PASSE-TEMPS

IL VA
LE DIRE

IL VA FINIR PAR
LE DIRE

IL NE S'APPELLERAIT PAS
JON S'IL NE LE DISAIT PAS

4...3...2...1...

COMME CE TRAIN
EST LONG !

GRRR !

TAP
TAP
TAP

IL FAIT
30 DEGRÉS

ET NOUS N'AVONS PLUS
DE SUCRE À GLACER !

JE
M'ENNUIE

UNE CHAUVE-SOURIS ME COLLE
AUX CHEVEUX !

DIRE QUE D'AUTRES ONT
TOUS LES PLAISIRS

DÉGOÛTANT !

ELLE
PARLAIT
DE TOI

ELLE
PARLAIT
DE TOI

PEUT-ÊTRE PARLAIT-ELLE
D'ELLE ?

DISONS

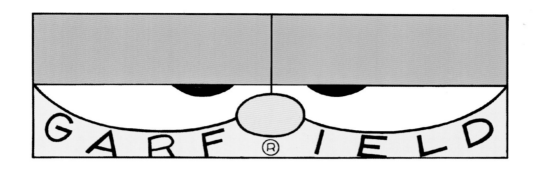

De retour après cette page publicitaire

OH LA LA !

REGARDEZ-LE ! QUELLE FORME ! QUELLE PRÉCISION

QUELLE GRÂCE !

PUIS IL S'AFFALE DANS LA DERNIÈRE LIGNE DE DROITE !

De retour à l'émission en cours...

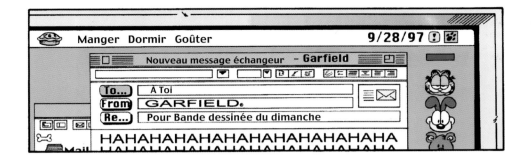

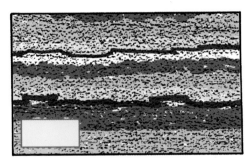 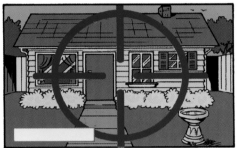

JE CROIS L'AVOIR À PRÉSENT, GARFIELD

OUI !

ZUT !

IL TENTE DE VISSER UNE AMPOULE

TU PROJETTES DE ME MORDRE, NON ?

QU'EST-CE QUI TE FAIS DIRE ÇA ?

T'AS MIS DE LA MOUTARDE SUR MA MAIN !

VOYONS ÇA DE PLUS PRÈS

J'ESPÈRE QUE TU N'AS PAS MANGÉ LE PAIN DE VIANDE, GARFIELD

IL TRAÎNE AU FRIGO DEPUIS SIX MOIS

QUICONQUE EN MANGE N'A PLUS QUE CINQ MINUTES À VIVRE

ALORS, JUSTE LE TEMPS D'UN DESSERT

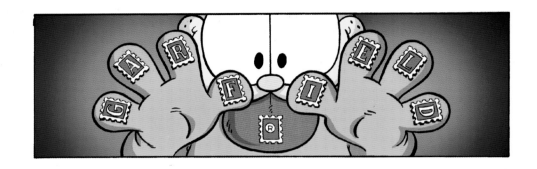

CLIC

Au sommaire

Des insectes géants ont envahi un poste de télé !

Des insectes géants qui présentent le journal parlé

Tchac ! Tchac ! Tchac ! Tchac ! Tchac ! Tchac !

Des insectes géants qui se rient bien des vaines tentatives en vue de les écraser avec un magazine... Ha ! Ha ! Ha !

Toute résistance est inutile ! Humains, soumettez-vous !

ALLEZ ! LES NOUVELLES DU SPORT !

POURQUOI ESSAIES-TU DE ZAPPER AVEC UNE TABLETTE DE CHOCOLAT ?

BURP

HO OH !

Voici le vieux paresseux qui avance très lentement sur ses trois orteils...

Et lui, qui est-il ? C'est monsieur Anaconda !

Aïe ! Ça n'a pas pris de temps

JE PARIE QU'EN PLUS IL ÉTAIT SAVOUREUX

Wouf !

Wouf Wouf Wouf !

COMME UN VRAI CHIEN

Euh... Wouf ?

IL OUBLIE SES RÉPLIQUES

JE ME DEMANDE SI UNE VISITE DE MON COPAIN BUBBA, MA CHAUSSETTE MARIONNETTE, NE METTRAIT PAS UN PEU D'AMBIANCE

IL EST ARRIVÉ PEU DE CHOSES À BUBBA

EN QUOI ES-TU DÉGUISÉ ?

EN CHAT QUI PORTE DES LUNETTES NOIRES, AVEC UNE FAUSSE FLÈCHE LUI TRANSPERÇANT LA TÊTE, QUI TIENT UN POULET DE CAOUTCHOUC, EINSTEIN !

C'EST DORIS BLASKO, MA PETITE AMIE À L'ÉCOLE

DORIS ÉTAIT TRÈS MÛRE POUR SON ÂGE

ELLE FUT LA PREMIÈRE DE LA CLASSE À AVOIR DES POILS AU VISAGE

RAREMENT A-T-ON VU UNE FEMME PORTER UNE MOUSTACHE AVEC AUTANT DE PANACHE

ENFIN !

LA PREMIÈRE PUB DE NOËL

GARFIELD, TON ESTOMAC DEVRAIT ÊTRE PLUS PETIT

ALORS TU DEVRAIS TE TENIR UN PEU PLUS LOIN

C'ÉTAIT UN BEAU JOUR AU PAYS DES PÈSE-PERSONNES

SOUDAIN, LA FORÊT OÙ HABITAIENT LES PÈSE-PERSONNES DEVINT SILENCIEUSE

JE LE HAIS LORSQU'IL BAVARDE

UNE OMBRE ÉNORME S'ABATTIT SUR LA CONTRÉE

 segment footer
78

GARFIELD, J'AI LA TÊTE COINCÉE DANS LA CORBEILLE

LES MAINS PRISES DANS DES POTS DE MARINADES

ET MA DULCINÉE QUI SERA LÀ DANS UN INSTANT! QUE FAIRE?

NE BOUGE PLUS

CECI DEVRAIT FAIRE L'AFFAIRE

♫ DING DONG

TOUT FINIT PAR S'ARRANGER

25